Rainer Nemayer

GELD VERDIENEN
MIT
MARKISENREINIGUNG.

Schnell und einfach Geld verdienen.
In wenigen Schritten zum eigenen Geschäft.

Vorwort

Zunächst müssen Sie folgende Voraussetzungen erfüllen:

Keine Angst vor Schmutz und Wasser.

Schwierigkeiten und Probleme lösen zu können.

Kein Problem zu haben, in Geschäften nach Aufträgen zu fragen.

Nach der 60. Ablehnung, weiter Werbung zu machen ohne dass jemand etwas von den vorangegangenen Misserfolgen merkt.

Wenn Sie eine dieser Voraussetzungen nicht erfüllen, brauchen Sie nicht weiter zu lesen.

Wenn Sie dieses Buch gelesen haben und sich an die Anweisungen halten, haben Sie binnen einer Woche oder noch schneller, die ersten Einnahmen.

Auch Langzeitarbeitslose und Sozialhilfeempfänger lösen sehr schnell ihre Probleme.

Allerdings darf keine Alkoholabhängigkeit gegeben sein.

Dafür spielt Ihr Alter keine Rolle.

Kein oder wenig Geld?

Im Kapitel Markisenreinigung ist die entsprechende Vorgehensweise genau beschrieben.

Sie müssen sich nur genau an mein Buch halten.

Ich weiß genau was ich sage.

Seit fast 40 Jahren lebe ich davon.

Ich bin damit nicht reich geworden. Aber ich konnte samt meiner Familie gut davon leben. Eine Tageseinnahme von 250,00 Euro ist leicht zu erreichen.

Auch gibt es keine regionalen Begrenzungen.

Ich habe viele Jahre in Deutschland und Frankreich gearbeitet und arbeite heute in Spanien.

Schmutzige Markisen gibt es überall.

In den meisten EU Ländern können Sie die im Buch enthaltenen Preise verwenden.

Und das Beste: Ich kassiere nach der Ausführung eines Auftrages, direkt an der Kasse des Kunden.

Sie brauchen nur ein Auto und bis zu 500,00 Euro für Material.

Einen Teil davon haben Sie vielleicht bereits im Keller.

Wenn Sie kein Geld haben, können Sie mit Leiter, Schlauch und Schwamm mit geeigneten Aufträgen anfangen und den Rest nach und nach kaufen.

In München kenne ich einen Mann.

Er hat ohne Geld angefangen.

Er fuhr mit einen Fahrrad mit einem kleinen Anhänger für Leiter und Eimer.

Heute hat er mehr als 10 Mitarbeiter.

Wenn Sie nicht gleich Sachen kaufen wollen, machen Sie erst 3 Werbetage.

Hierfür ist nur ein Auftragsbuch nötig.

Halten Sie sich aber genau an meine Anweisungen für Werbung.

Nur so ist der Erfolg garantiert

Beginnen Sie sofort.

Preise.

Diese Preise verwende ich in Spanien.

Da sich die Preise europaweit angeglichen haben, sind Diese auch in anderen Ländern zu verwenden.

Mindestpreis pro Auftrag: 20,00 €

Normale Markisen berechnen Sie nach laufenden Metern.

Hier brauchen Sie nur die Vorderfront abmessen. Es ist bei der Werbung einfacher.

Ich nehme den gleichen Preis bei allen Materialien.

0 bis 4 Meter pro laufender Meter 12,50 €

4,01 bis 10 laufende Meter 10,00 €

Mehr als 10,01 laufende Meter 6,50 € pro Meter.

Beispiel: 9 laufende Meter

sind 4 Meter a 12,50 € und 5 Meter a 10,00 € = 100,00 € + MwSt.

Die Mehrwertsteuer kommt bei allen Preisen hinzu.

Ein Sonderfall sind Markisen von Terrassen von Gaststätten und ähnlichen Markisen.

Diese haben auch oft Seitenteile, mehr Ausleger usw.

Hier ist eine Berechnung nach laufenden Metern nicht möglich.

Daher verwende ich hier Preise nach Quadratmetern..

Bis einschließlich 3 Qm.25,00 €

Bis einschließlich 5 Qm 30,00 €

Bis einschließlich 8 Qm 40,00 €

Bis einschließlich 10 Qm 50,00 €

Bis einschließlich 15 Qm 75,00 €

Bis einschließlich 20 Qm 100,00 €

Bis einschließlich 25 Qm 125,00 €

Bis einschließlich 25 Qm 150,00 €

Bis einschließlich 40 Qm 225,00 €

Bis einschließlich 75 Qm 300,00 €

Bis einschließlich 100 Qm 400,00 €

Mehr als 100 Qm. pro Qm. 3,00 €

Bei Stockflecken (Chlorbehandlung) 50% Aufschlag.

Nur für den Teil mit Flecken.

Zu allen Preisen kommt die Mehrwertsteuer hinzu.

Der Anfang.

Am Anfang gleich das Schwierigste:

DIE WERBUNG.

Erst wählen Sie ein Gebiet aus.

Es kann eine Kleinstadt, aber euch ein Stadtviertel in Ihrer Umgebung sein.

Dann nehmen Sie ihr Auftragsbuch zur Hand. Stempeln Sie die Vordrucke.

Am nächsten Morgen fahren Sie in das ausgewählte Gebiet.

Achten Sie ein wenig auf Ihr Aussehen.

Sie gehen dann in das erste Geschäft.

Verlangen Sie den Chef oder die Chefin.

Ist keiner da, hinterlassen Sie eine Visitenkarte.

Ist einer oder eine von Beiden anwesend, sagen Sie folgendes:

Nächste Woche reinigen wir in Ihrer Umgebung eine Markise. Auch Ihre ist schmutzig. Wenn Sie mir auch den Auftrag geben, Ihre Markise zu reinigen, erhalten Sie die Reinigung 10% billiger.

Bei Interesse kommt nun die Frage nach dem Preis.

Schreiten Sie die Vorderseite der Markise ab.

Ein Schritt ist meistens ungefähr ein Meter.

Beispiel: 6 Meter sind 4 Meter a 12,50 Euro und 2 Meter a 10,00 € = 70,00 € + MwSt.

Beachten Sie, dass hier der normale Mehrwertsteuersatz gilt.

In den Monaten Oktober bis Februar, geben Sie einen Winterrabatt von 25%. Diesen ziehen Sie bei Bedarf ab.

Wenn bei Gewebemarkisen Imprägnierung gewünscht wird, schlagen Sie 2,00 € pro Meter dazu.

Zu diesem Thema später mehr.

Einige Kunden geben einen Dauerauftrag, beispielsweise alle 3 Monate.

Sie sparen sich hiermit einiges an Werbung.

Einen Rabatt für Daueraufträge handeln Sie besser erst sofort nach der Auftragsausführung aus. Je nach Häufigkeit können Sie hier 10% bis 30 % geben.

Nehmen Sie auch Dieses als schriftlichen Auftrag aus.

Verlangen Sie auch hier Stempel und Unterschrift des Kunden.

Dieses ist auch beim ersten Auftrag wichtig.

Schauen Sie, wo der nächste Wasseranschluss ist und welchen Adapter Sie brauchen.

Das macht sich beim Kunden gut und erspart spätere Überraschungen.

Schauen Sie bei Gewebemarkisen auch auf Stockflecken. Sind Diese vorhanden,den Zuschlag nicht vergessen.

Legen Sie mit dem Kunden einen Termin unter Berücksichtigung des Andranges fest.

Bei manchen Geschäften sind hier nur Stunden vor der Öffnungszeit oder in der Mittagszeit möglich. Manchmal auch bei Ladenschluss.

Hat ein Kunde kein Interesse, gehen Sie in den nächsten Laden.

Oft hatte ich über 100 mal keinen Erfolg und dann mehrere hintereinander.

Wichtig: Die Misserfolge bei der Werbung nicht anmerken lassen.

Nicht aufgeben. Lieber eine Kaffeepause und danach frisch weitermachen.

Wenn das Geschäft läuft, auch folgenden Werbespruch verwenden:

Wir reinigen gerade in der Nähe eine Markise.

Machen Sie auch mit?

Da wir schon da sind reinigen wir Ihre Markise gleich im Anschluss und Sie erhalten einen Rabatt.

Testen Sie die Werbung einige Tage.

Ich bin sicher, dass Sie Erfolg haben.

Sie müssen sich nur genau an die Anweisungen halten.

Die Gewerbeanmeldung.

Begeben Sie sich zum Gewerbeamt.

Holen Sie sich einen Gewerbeschein für Reinigung von Markisen.

Oft geht Dieses ohne Schwierigkeiten.

Manchmal müssen Sie gleich zur Industrie und Handelskammer.

Auch ist es möglich, dass Sie hier später vorgeladen werden.

Hier wird man versuchen, Ihnen klar zu machen, dass Markisenreinigung unter Gebäudereinigung fällt und Sie einen Meister brauchen.

Weisen Sie darauf hin, dass Markisenreinigung als unwesentlicher Teil der Gebäudereinigung zählt und daher diese Vorschrift nicht zutrifft.

Bestehen Sie darauf.

Sollten diese Probleme nach einem Jahr noch nerven, melden Sie eine Ltd. in England oder ein Gewerbe bei einer Hacienda in Spanien an.

Letzteres kostet weit weniger als 100,00 Euro.

Lassen Sie sich in beiden Fällen eine europäische Steuernummer geben.

Aber in 99% aller Fälle werden alle Probleme bereist mit dem Gewerbeschein gelöst.

Besorgen Sie sich in den ersten Monaten einen Steuerberater.

Was brauche ich an Arbeitsmaterial um zu starten?

Ein Auto. Hier ist auch ein älterer Gebrauchtwagen gut geeignet.

Einen Skiständer für die Leiter. Andere Dachgepäckträger sind auch geeignet.

Eine Stehleiter mit 6 bis 8 Stufen.

Einen Gartenschlauch auf einer Schlauchtrommel, an Besten 50 Meter.

Einen Arbeitsschlauch, den Sie zum arbeiten an die Schlauchtrommel anschließen können. Hier reichen 3 – 5 Meter.

Spritzdüse, am Besten mit Druckschalter.

Plastikanschlusteile und Kopplungsteile für alle Schläuche. Am Besten ist das Fabrikat Gardena.

Alle 3 Größen von Anschlussteilen für Gewinde von Wasserhähnen.

Zwischenringe für Feingewinde (Gewinde für Filter an Wasserhähnen) innen und außen.

Verschiedene Teile zum Anschluss ohne Gewinde.

Lassen Sie sich hierfür vom Personal des Geschäftes wo Sie die Schlauchteile einkaufen, beraten.

Eine Kabeltrommel mit mindestens 20 Meter Kabel.

Einen Hochdruckreiniger mit Wirbeldüse.

Diesen bekommen Sie oft in Baumärkten für unter 70,00 Euro.

3 Gartenspritzen zum Aufpumpen.

Eine dreifach ausziehbare Teleskopstange.

Selber konstruieren: Ein Brettchen als Halter für einen Überzugschwamm. Es muss auf die Teleskopstange aufgesteckt werden. Alternativ können Sie auch die Überzugschwämme über einen Schrubber ziehen. Hier gehen Diese aber schneller kaputt.

Gibt es keine Überzugschwämme zu kaufen, besorgen Sie Schaumgummi. Diesen zuschneiden und vernähen.

Es hört sich schwieriger an, als es ist.

Handschwämme und Rauhschwämme.

Gummihandschuhe.

Reinigungsmittel.

Nähere Angaben im entsprechenden Kapitel.

Einen Fensterwischer.

Einen Fensterwaschschwamm.

Trockene Tücher und Küchenrolle.

Einen Eimer.

Gegebenenfalls ca. 2 Meter Plastikdachrinne mit Abflussrohr und ein paar Klammern. Dieses ist nur bei entsprechender Auflage nötig.

Ein Auftragsheft.

Ein Rechnungsheft.

Einen Stempel hierfür.

Ein Handy für Kundenanrufe.

Visitenkarten für die Werbung.

Rohrzange und Schraubenzieher.

Sollten Sie wenig Startkapital haben, beachten Sie meinen Tipp im Kapitel Markisenreinigung.

Die Reinigung von Markisen.

Bei allen Markisen.

Nun ist der Tag der ersten Reinigung gekommen.

Achten Sie darauf, dass Ihr Kunde nicht merkt, dass Sie vorher noch keine Markisen gereinigt haben.

Setzen Sie das Anschlussteil und gegebenenfalls den Adapter an den Wasserhahn.

Schließen Sie das Ende, welches nach innen kommt, mit der Spritzdüse. Achten Sie darauf, dass Diese geschlossen ist. Ziehen Sie vorsichtig den Schlauch zum Wasserhahn.

Stecken Sie den Schlauch auf den Anschluss.

Achten Sie darauf, dass der Anschluss beim aufstecken deutlich Klick macht.

Stecke Sie eine Spritzdüse in das Gardenateil (oder anderes Fabrikat) außen, oder hängen den Hochdruckreiniger an das äußere Schlauchende. und drehen Diese zu.

Achten Sie auch hier auf ein deutliches Klicken.

Wenn Sie mit dem Arbeitschlauch arbeiten, hängen Sie Diesen an die Schlauchtrommel.

Beim Hochdruckreiniger Stromkabel verlegen.

Erst wenn alles dicht ist, den Wasserhahn aufdrehen.

Klammern Sie die Kunststoffdachrinne an die Vorderseite der Markise und stellen Sie einen Eimer unter.

Dieses ist nur in Orten mit entsprechender Vorschrift nötig. In Spanien beispielsweise nur in Madrid.

Bei Bedarf Warndreieck vor der Leiter aufstellen.

Bei Hochdruckreinigung, Pistole im ausgeschalteten Zustand drücken bis nur Wasser ohne Luft kommt.

Bauen Sie die Leiter auf.

Weitere Reinigung, nach Material.

Es gibt grundsätzlich Korbmarkisen und Gelenkarmmarkisen.

Die Arbeit ist im Prinzip bei beiden Arten gleich.

Meistens ist bei Gelenkarmmarkisen an der Unterseite mehr Arbeit.

Bei Kunststoff, wenn möglich, auch Handschwämme verwenden.

Nicht vergessen das Gestänge abzuspritzen.

Die weitverbreiteten Korbmarkisen mit Kunststoffbespannung sind für Leser mit geringem Startkapital als Anfang gut geeignet.

Mit etwas Geschicklichkeit ist hier in vielen Fällen auch eine Reinigung mit Eimer und Schwamm möglich.

Fehlt es an Allen, schütten Sie einen kräftigen Schuss Spülmittel in das Wasser.

Eine Stehleiter vom Kunden leihen.

Dieses ist nur der Anfang.

Für die Hälfte der Einnahmen Material anschaffen und das Gewerbe anmelden.

Besonders in Deutschland müssen Sie beachten, dass bei Ausfahrmarkisen oft über den Schaufenstern Markisenkästen angebracht sind.

Diese manchmal nicht wasserdicht.

SPRITZEN SIE DAHER KEINESFALLS IN DIE MARKISENKÄSTEN.

Spritzen Sie oben nur seitlich und auf der Unterseite nur in Richtung zur Vorderseite der Markise.

Schauen Sie, ob die Schaufenster dicht sind.

Von innen Putzen, ist eine unnötige Arbeit die leicht vermeidbar ist.

Schließen Sie sobald es möglich ist, eine Betriebshaftpflichtversicherung ab.

Drehen Sie bei Ende der Arbeit den Wasserhahn zu.

Lassen Sie danach außen den Druck ab. Dann nehmen Sie den Schlauch vom Adapter.

Stecken Sie eine geschlossene Düse ein und bringen Sie das Ende nach draußen.

Nehmen Sie die Düse ab und rollen den Schlauch vorsichtig ein.

Entfernen Sie dann den Schlauch, Arbeitsschlauch Kabel usw. von der Straße.

Holen Sie einen Eimer Wasser und Geben Sie einen kräftigen Schuss Ammoniak hinzu.

Nehmen Sie den Fensterputzschwamm und rubbeln Sie das Fenster nass.

Dann nehmen Sie den Fensterabzieher mit einen Gummi und ziehen das Fenster ab.

Nach jeder Bahn den Gummi mit einem trockenen Lappen abwischen.

Am Schluss verbleibende Flecken mit einem trockenen Tuch abwischen.

Danach den Kunden das Ergebnis zeigen

Dann zur Kasse gehen, und die Rechnung in bar kassieren.

Schecks oder Überweisung ablehnen.

Diese Zahlungswege verursachen nur Risiko und Kosten.

Es ist auch gut, Barzahlung mit in den Auftrag aufzunehmen.

Bei dieser Gelegenheit nach der nächsten Reinigung fragen und Dauerauftrag anbieten.

Gegebenenfalls als Auftrag aufnehmen.

Kunststoffmarkisen.

Bei Kunststoffmarkisen brauchen Sie nur den Wasserschlauch mit Düse.

Ich empfehle eine einstellbare Pistolendüse.

Füllen Sie Reinigungsmittel in die Gartenspritze.

Nehmen Sie Sie unverdünnt.

Kaufen Sie einen guten Fettlöser oder Silit Bäng.

Nur in extremen Fällen nehmen Sie Kärcher RM 31 oder ähnliches.

Setzen Sie eine Schutzbrille auf.

Gummihandschuhe schaden hier auch nicht.

Sprühen Sie das erste Stück mit der Gartenspritze ein.

Putzen Sie dann mit der Teleskopstange mit Schwamm und Handschwamm.

Dann mit dem Schlauch abspritzen und das nächste Stück putzen.

Danach die Unterseite der Markise nicht vergessen.

Den Vorhänger besser mit dem Handschwamm bearbeiten.

Gelenkarme und Gestänge von beiden Seiten abspritzen.

Aus Sicherheitsgründen am oberen Ende nur nebeln.

Der Rest steht im Kapitel Markisenreinigung.

Gewebemarkisen.

Bei Gewebemarkisen brauchen Sie den Hochdruckreiniger.

Erst die Markise mit der Gartenspritze von oben und unten mit Reinigungsmittel ein-sprühen.

Bei normaler Verschmutzung ist auch der Hochdruckreiniger geeignet.

Lassen Sie hier das Reinigungsmittel von der Maschine ansaugen.

Beachten Sie die Gebrauchsanweisung des Hochdruckreinigers.

Fettlöser ist geeignet, besser ist eines der neuen Flüssigwaschmittel mit Sauerstoff.

Danach die Rotationsdüse aufsetzen und sie erste Bahn von oben in horizontalen Streifen reinigen.

Nicht zu nah ran gehen. 10 Zentimeter sind das Maximum an Nähe.

Bei alten Markisen Abstand vergrößern.

Am Anfang lieber etwas mehr Abstand.

Der Reinigungseffekt ist zwar dann etwas geringer, aber das Risiko für einen Schaden am Markisenmatrial ist so weit geringer.

Danach die zweite Bahn und so weiter.

Immer in Bewegung halten und keinesfalls an einen Punkt stehen bleiben. Dieses würde ein Loch bohren.

Danach die Markise von unten abspritzen.

Gestänge usw. nicht vergessen.

Vorgang bei Bedarf wiederholen.

Rest unter Markisenreinigung.

Eine Besonderheit sind Stockflecken.

Diese entstehen durch Schimmel und Feuchtigkeit und sind besonders bei

etwas älteren Markisen und meistens am vorderen Ende zu finden.

Sie sind schwarz oder manchmal auch grün.

Alle mir bekannten Markisenreinigungsfirmen, auch Großunternehmen, scheitern hier.

Geben Sie daher die Sache nicht an Kollegen weiter, auch wenn Diese alles Mögliche versprechen.

Füllen Sie in eine Gartenspritze die Sie nur hierfür verwenden, flüssiges Chlor für Schwimmbäder.

Chlorex oder ähnliche Chlorreiniger sind auch geeignet.

Sprühen Sie die betroffenen Stellen von oben und unten ein.

Warten Sie ca. 30 Minuten.

Sie sehen, wie die Flecken verschwinden.

Entfernen Sie das Chlor mit dem Hochdruckreiniger.

Wenn nötig, wiederholen.

Achten Sie auf Passanten und auf sich selber.

Chlor macht helle Flecken in Kleidung.

Imprägnierung.

Besonders in Deutschland wollen viele Kunden eine Imprägnierung ihrer Stoffmarkise.

Kaufen Sie in einen Drogeriemarkt Imprägnol von Bayer.

Setzen das Imprägnol nach Gebrauchsanweisung an.

Füllen Sie die Lösung in eine extra Gartenspritze, die Sie nur hierfür verwenden.

Sprühen Sie die gereinigte Markise von oben gleichmäßig ein.

Nicht erschrecken, die Markise erscheint zuerst weiß.

Das verschwindet beim trocknen.

Reparaturen.

Ein kleiner Zusatzverdienst sind kleine Reparaturen und Ausbesserungen.

Hier möchte ich besonders defekte Nähte zwischen den Bahnen erwähnen.

Hier langen Sie von oben nach unten durch die kaputte Naht und kleben

Diese stückweise mit UHU Alleskleber.

Patex oder ähnliche Klebstoffe sind auch geeignet.

Das untere Ende drücken Sie mit beiden Händen zusammen.

Auch andere Teile sind genauso zu kleben.

Sonstiges.

Hier ein Tipp:

Sollte der Markisen-bestand in Ihrer Gegend nicht ausreichen, wählen Sie eine Gegend mit einigen Orten aus der Landkarte aus.

Mieten Sie eine Ferienwohnung in der Mitte.

Arbeiten Sie von hier 2 bis 3 Wochen.

Sie werden eine guten Überschuss erreichen.

Auch in den Wintermonaten können Sie arbeiten.

Die Temperatur sollte aber über 0 Grad sein

Im Zweifelsfall einen Helfer mit Streusalz mitnehmen.

Geben Sie Winterrabatt. Dann haben Sie auch in diesen Monaten viele Aufträge.

An den Frosttagen leihen Sie einen Sprühsauger von einer Drogerie oder von einen anderen Geschäft und reinigen Teppichböden für 2,00 € bis 3,00 € pro Quadratmeter.

Die Werbung geht nach dem gleichen Verfahren, wie bei der Markisenreinigung. Hier sind auch die Kunden, die bereits ihre Markise reinigen ließen, besonders gut ansprechbar.

Reinigungsmittel nach Gebrauchsanweisung ansetzen.

Lassen Sie sich vom Verleiher beraten.

Gehstreifen im Teppichboden vorher einweichen.

Auch die Reinigung von Schwimmbecken, ist gut als Winterarbeit geeignet.

Dieses ist allerdings auch zu anderen Jahreszeiten, als gute Zusatzeinnahme geeignet.

Wenn Sie alles richtig gemacht haben, haben Sie ein laufendes Geschäft mit guten Einnahmen.

Herzlichen Glückwunsch.

www.ingramcontent.com/pod-product-compliance
Lightning Source LLC
Chambersburg PA
CBHW070241290526
45789CB00004B/1720